JEAN-PIERRE BÉRUBÉ

JE SUIS DE VOUS

Nous remercions le Conseil des Arts du Canada et la société de développement des entreprises culturelles du Québec pour l'aide apportée à notre programme de publications.

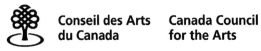

Conseil des Arts du Canada   Canada Council for the Arts   Société de développement des entreprises culturelles   Québec

ISBN 978-2-89396-326-6

Dépôt légal — 2e trimestre 2009
Bibliothèque et Archives nationales du Québec
Bibliothèque nationale du Canada

Illustration de la couverture : HUILE DU PEINTRE MARC OTIS

228 de la Lande, Rosemère
Québec, Canada J7A 4J1
Téléphone : 450.965.6624
Télécopieur : 450.965.8839
info@editionshumanitas.com
www.editionshumanitas.com

Printed in Canada

Jean-Pierre Bérubé

JE SUIS DE VOUS

POÈMES ET CHANSONS

ILLUSTRATION DE LA COUVERTURE
HUILE DU PEINTRE MARC OTIS

Du même auteur

Mon Clown   Humanitas   1993

Avant de recommencer à vivre Humanitas   1995

Mon clown et moi   Humanitas   1999

À Henri

JE SUIS DE VOUS

De feuilles de chou de vent du large et d'eau salée
D'oiseaux sauvages cigognes blanches et champs de blé
De tante Lucienne d'Adélaïde et Georges-Henri
D'étés trop courts d'hivers qui traînent et poudrerie

De grandes marées d'étoiles de mer de coquillages
De radeaux frêles barques fragiles et longues plages
D'odeur de sable de falaise et bout du quai
De faux départs et de forçeux de vérité

De discipline d'école de rang en rang par deux
De solitude d'églises vides de bon Dieu
De petites sœurs de Charité et d'Ursulines
De Clerc de Saint et d'orphelins et d'orphelines

De longs dimanches d'autant d'aves agenouillés
De pages blanches d'enjeu de mots et d'yeux mouillés
De quelques peines de grandes joies de matins blêmes
De Gaspésie du bas du fleuve et sans problème

De fêtes foraines de clowns de cirque et de dompteurs
De vieux pianos de deux guitares et de conteurs
Du marchand d'sable vendeur de peur et d'froid dans l'dos
De pieds de vers sur ré mi fa sol la si do

De père Philippe de Francoeur et Jean-Marie
De Mishabou de la Manou la touladi
De bières en fût des derniers discours de taverne
De peau d'indien d'élans du nord d'aigles et de sternes

D'un vieil hibou qui monte la garde dans la marge
De ces mots qui renaissent pour gagner le large
D'un regard flou qui sans la voix vous pousse un cri
Je suis de vous à qui je pense quand j'écris

PLACE MARULAZ

Suffit d'une simple fontaine
Quelques cafés quelques terrasses
Un vieux lycée deux rues à peine
Pour que s'anime toute la Place

Tout ça ça s'passe en douce France
Comme un poème comme une chanson
Quand la Place Marulaz danse
                Tout près du Doubs à Besançon

Refrain
Quand la Place Marulaz danse
Tout près du Doubs à Besançon
Quand la Place Marulaz danse
Tout près du Doubs à Besançon Besac

Passe une vieille deux chevaux
Ça aussi ça se fait plus rare
Tout comme le long du caniveau
Où roucoulent une blanche et un noir

Les arbres dépassent les toits
Les lierres atteignent les étoiles
Allez danse Place Marulaz
Hier j'imaginerai tes bals

Et que tes pigeons troubadours
Me viennent encore parler d'amour

Refrain

Comme pataugent des oiseaux
S'amusent et courent des enfants
Au son d'un accordéon faux
Qui soupire de l'ancien temps

Comme pataugent des oiseaux

S'amusent et courent des enfants
Au son d'un biniou qui prend l'eau
Mais qui vous crache les mots du d'dans

Au son d'un biniou qui prend l'eau
Mais qui vous crache les mots du d'dans

À MARION

Dire qu'hier tu étais si petite
Mais bon Dieu que le temps passe vite

T'es une grande fille maintenant

Marion
Hypersensible et rêveuse
De la nature si amoureuse

Joli petit cancer de juin

Comme des chevaux au grand galop
Des ballerines au-dessus de l'eau
Des anges blonds dans le ciel bleu

Quand tu marches on dirait que tu danses
Et que dans tes pirouettes aussi
Y a tout ton amour de la vie

Marion
T'as bien le droit d'être distraite
Et d'avoir l'âme du poète

La tête frôlant les nuages

Marion
Dire qu'hier tu étais si petite
Mais bon Dieu que le temps passe vite

Dix ans déjà

Ô le bel âge

LE PHARE

Où est ce regard gris
En plein tumulte en plein roulis
Dans la nuit froide et grise aussi

Où est ce regard gris

Où est cette mouche à feu
Ce soupçon de clin d'œil frileux
Dans ce brouillard presque adipeux

Où est cette mouche à feu

Où est ce vieux quinquet
Qui avant hier nous éclairait
Quand nous rentrions du troquet

Où est ce vieux quinquet

Mais qu'enfin le mauvais temps dégrise
Que la brume se lève comme la brise
Que le mauvais temps s'irise
J'veux voir le clocher d'une église

Où est cette lueur
Qui redonne l'espoir aux pêcheurs
De toucher terre de toucher cœur

Où est cette lueur

Où est ce long chenal
Parsemé de poussière d'étoiles
Dans cette brume qui s'étale

Où est ce long chenal

Où est ce faisceau d'or
Ce grain de diamant qui dort

Qui doit nous ramener au port

Où est ce faisceau d'or

Mais qu'enfin le mauvais temps dégrise
Que la brume se lève comme la brise
Que le mauvais temps s'irise
J'veux voir le clocher d'une église

Qu'on redécouvre enfin
Cette lueur cet œil ce lien
Ce cordon relié aux marins

Qu'on redécouvre enfin

Le noroît essoufflé
La fine oreille peut capter
Un son criard dans la clarté

Le noroît essoufflé

Son et lumière d'un phare
Gardien des lieux et de l'histoire
Qui rallume encore la mémoire

Son et lumière d'un phare

Mais qu'enfin le mauvais temps dégrise
Que la brume se lève comme la brise
Que le mauvais temps s'irise
J'veux voir le clocher d'une église

Le clocher de l'église

À MON PÈRE

C'est au bord de son fleuve
Que je le reconnais

À travers les mollusques
Les rochers le varech
L'animal qu'on débusque
A toujours fait avec

Un poète ignoré
Venu d'une rivière
Blanche comme la mer
Et la neige à sculpter

Il est pour moi l'exemple
Neuves idées aussi
Il est pour moi un temple
De jeux de mots polis

Quand il parle du vent
J'exulte à l'écouter
Et ses mains de géant
Savent bien raconter

Il me souffle les mots
Qui vont faire travailler
Mon talent de marmot
Au talon de son pied

Quand tu ne seras plus là
Les jours de grandes marées
Entendrai-je ta voix
Sur la plage attristé

Bien sûr que je l'entendrai
Et je relirai comme hier
Les messages trouvés
En bouteilles à la mer

Les lendemains de veilles amers

VOLETS FERMÉS

Les volets sont fermés
Les grandes portes aussi
C'est même pas midi
Le village est sous clé

Que craignent-ils ces gens
Au beau milieu du jour
Le cœur à double tour
Barré à tous venants

Les volets sont fermés
Les grandes portes aussi
C'est même pas midi
Le village est sous clé

Des femmes attendent tristes
Que revienne le mari
Que reprenne la vie
Pour se dire qu'elles existent

Et le brave ouvrier
Retrouve sa maison
Sa femme sa raison
Son bonheur et ses clés

Les volets sont fermés
Les grandes portes aussi
C'est même pas midi
Le village est sous clé

Affairé au portail
Qui s'ouvre et aussitôt
Se referme à nouveau
L'homme rentre au bercail

Et après le dîner
Et la lumière close
Comme s'éteint toute chose
Les voix vont s'atténuer

Les volets sont fermés
Les grandes portes aussi
C'est même pas midi
Le village est sous clé

Barricadé à mort
L'édredon sur la tête
Sur l'amour et la fête
Le beau couple s'endort

Ça peut rêver à quoi
Des amants qui ont peur
Se faire voler leur cœur
Se faire piquer leurs draps

Les volets sont fermés
Les grandes portes aussi
C'est même pas midi
Le village est sous clé

Les volets sont fermés
Les grandes portes aussi
C'est même pas midi
La peur s'est installée

PAIX CONTRE VIE

La terre se réchauffe
Mais y a toujours
Des moins quarante
Quelque part

La terre veut la paix
Depuis les hommes
Mais de quelle paix
Est-il question

Le vous me la foutez
Le lâchez-moi là
Le veux-tu bien
Me la câlisser

Le j'dors pas en paix
Le faisons la paix
Le j'te donne la paix
Le faut vivre en paix

Et la paix des uns
Et la paix des autres
Ces laisse-moi tranquille
Ces allez-vous en

C'est encore trop de bruits
Encore trop de questions
Ne parlez plus

Écoutez
Entendez

Des poussières
Et puis
Plus rien

C'est bien

Le silence coûte aussi
La paix contre la vie

POÈTE

Poète
Lève l'ancre
Pour que l'encre jette

Histoire
D'aller voir
Des fois que

Avec délicatesse
Rudesse ardeur

Des mots bougeraient

Poète
Jette l'encre
L'ancre jette

Alors
Jette-toi
Avec

CHANTEZ NOS ESPOIRS

C'est la léthargie
Plus rien ne se tasse
Y' a plus la magie
Du moment qui passe

Y' a plus ces instants
Qui chavirent le cœur
Qui fouettent le temps
Qui donnent le meilleur

L'émerveillement
La douce folie
L'humain exultant
Vivant l'embellie

Quête de bazars
Supers loteries
Grossissants miroirs
Et supercheries

À pas de géant
Posés dans le noir
Ces déguisements
Nous font des accroires

L'émerveillement
La douce folie
L'humain exultant
Vivant l'embellie

Que sont devenu
Ces beaux airs anciens
Vibrants retenus
Dans l'âme des miens

Et puis le mot *fier*
Et le mot *pays*
Et les mots d'hier
Les mots déjà dits

L'émerveillement
La douce folie
L'humain exultant
Vivant l'embellie

Jeunes créateurs
Sortez de vos caves
Naissez de vos peurs
Renflouez l'épave

Videz vos paniers
De vivants quatrains
Quittez vos greniers
Foulez le terrain

Chantez nos espoirs
À ceux qui promènent
Le goût du pouvoir
Chez ceux qui nous mènent

Réapprenez-leur
La grande musique
La petite fleur
Et le fantastique

Qu'ils chantent vos airs
Qu'ils s'identifient
Ce qu'on ne peut pas faire
Quand on se méfie

Chantez nos espoirs
À ceux qui promènent
Le goût du pouvoir
Chez ceux qui nous mènent

Et que l'être explose
Une fois encore
Des vers de la prose
De la métaphore

Que nos cœurs chavirent
Que nos voix s'échauffent
Le bon vent qui vire
Déjà nous réchauffe

Chantez nos espoirs
À ceux qui promènent
Le goût du pouvoir
Chez ceux qui nous mènent

L'émerveillement
La douce folie
L'humain exultant
Vivant l'embellie

LE PONT DES SOUVENIRS

Qu'on soit de Venise en Québec
Ou de Venise en Italie
Un jour ou l'autre on n'chantera plus
On n'chantera plus la barcarolle

Aussitôt hors du trou béant
Continuant sa petite vie
D'un jour à l'autre machinalement
Pas eu le temps de faire grand'chose

La mort la mort la mort
C'est la vie
La vie la vie la vie
C'est la mort aussi

El amor el amor
C'est l'amour
L'amour l'amour l'amour
Des fois c'est la mort

On croit toujours avoir le temps
On remet ça comme un coup d'rouge
Et comme le vin est enivrant
Pendant c'temps-là le temps y bouge

Un jour une noire gondole
Passera sur le pont des soupirs
Pendant que dans d'autres gondoles
On pass'ra sous l'pont des souv'nirs

La mort la mort la mort
C'est la vie
La vie la vie la vie
C'est la mort aussi

El amor el amor
C'est l'amour
L'amour l'amour l'amour
Des fois c'est la mort

TOUR DE BABEL

Tour de Babel
Y' a plus de modèle
C'est le bordel
Mam'zelle

Mes yeux messieurs
Levés aux cieux
Sont bien pluvieux
Plus vieux

Pleure un ami
Pleure la vie
Cherche messie
Mais si

Mathématique
La musique
La politique
Ça clique

Ainsi soit-elle
Soit-il à elle
Et la terre elle
Jarretelle

L'île s'en va
L'aile s'en va
Et je mens va
Tout va

Le peuple dort
James Dean est mort
L'idole est d'or
Encore

L'encadrement
C'est important m'a m'en aller
Maman

MER EMPORTEUSE

Ô ma fille
Toi qui ne marches pas encore
Et qui déjà me fait marcher

Sache que tu es pour moi
Une machine merveilleuse
Une force tranquille

Et qu'avant d'être dans le ventre
De la mer emporteuse
Tu vivais dans ma peau
Respirais dans mes mots

QUAND L'AMOUR NOUS SURPREND

Quand l'amour nous surprend
Il n'y a plus rien qui compte
Sinon que son amour

Et d'amour et d'eau fraîche
On s'étonne de vivre
Pour les autres être absent

Quand l'amour nous surprend
On devient sourd aveugle
Beau bavard silencieux

Quand l'amour nous surprend
Il n'y a plus rien qui compte
Sinon que son amour

On a le pas léger
Les mains pleines de pouces
La mémoire trouée

Quand l'amour nous surprend
On se croit seul au monde
À vivre tant d'amour

Vivre pour un par un
N'être plus qu'un seul être
Divisible que pour deux

Ressentir l'euphorie
Monter comme une fièvre
Laisser battre son aile

Désapprendre à marcher
Puis se mettre à voler
Quand l'amour nous suspend

LA MER T'APPELLE

Allez viens voir la mer
Viens la voir la toucher
Voire même la goûter
Avec elle viens danser

Allez viens voir la mer
Viens pour la respirer
Viens pour la deviner
Avec elle viens chanter

Cette mer à entendre
Cette mer que l'on sent
D'aussi loin qu'on l'entende
Cette mer à comprendre

Cette mer mystérieuse
Valseuse fougueuse
Cette mer silencieuse
Voyageuse grondeuse

Allez viens voir la mer
Viens la voir la toucher
Voire même la goûter
Avec elle viens danser

Allez viens voir la mer
Viens pour la respirer
Viens pour la deviner
Avec elle viens chanter

Cette mer cachottière
Obèse au ventre d'or
Enceinte de trésors
Qui des fois touchent terre

Cette mer qui te donne
Ses plus beaux coquillages
Des bouts de bois sans âge
Et du rêve à la tonne

Allez viens voir la mer
Cette mer qui t'appelle
Qui t'invite à sa table
Au cœur de Baie-des-Sables

Allez viens voir la mer
Cette mer qui t'appelle
Pour que tu te rappelles
Que c'est elle la plus belle

BOUT DE CRAYON BOUT DE PAPIER

Bout de crayon
Bout de papier
Tout ce qu'il faut
Pour s'animer

Bout de crayon
Bout de papier
Froid dans le dos
À vous manier

Bout de crayon
Bout de papier
Petit bout de vie
En plein chantier

Pain sur la planche
Levons les manches
Mots qui démanchent
Mots du dimanche

Bout de crayon
Bout de papier
Tout ce qu'il faut
Pour s'allumer

Bout de crayon
Bout de papier
Froid dans le dos
À vous épier

Bout de chanson
À raccommoder
Bout de frisson
À continuer

Bout d'espérance
De délivrance
Bouteille à l'eau
Bouteille à l'ancre

Bout de crayon
Bout de papier
Tout ce qu'il fallait
Pour s'inventer

Bout de crayon
Bout de papier
Un bout de nous
S'est installé

Bout de crayon
Bout de papier
Froid dans le dos
C'est du passé

Bout de papier
Bout de crayon
Tout ce qu'il fallait
Pour faire chanson

CHEZ JEAN RENOIR

Ils venaient de partout
De partout sur la terre
Venaient d'une misère
Un peu noire un peu floue

Misère jaune aussi
Jaune pâle jaune orange
N'étaient pas tous des anges
Étaient tous un pays

Ils s'appelaient Samir
Mohamed Alexandre
Evards Fatma Léandre
Mathieu Amer Salif

Ils venaient d'on ne sait qui
Venaient pour qui pourquoi
Enfants du chaud du froid
Enfants-loups de la vie

Ils s'appelaient détresse
Dans des cris de délire
Et apprenaient à lire
Une langue tendresse

Ils venaient de partout
De partout sur la terre
Et dans une même prière
On est restés debout

On m'avait demandé
Et j'allais leur apprendre
Me suis bien laissé prendre
Ils m'ont tant redonné

EN TERRE ÉTRANGÈRE

En terre étrangère
Comme un étranger
Étrangement j'erre
Pour mieux déranger

Le calme bien plat
Voire autrement sain
Des blabla d'oblats
Rêvant d'être saints

Vieil harfang des neiges
À crinière blanche
Aux visages beiges
Aux tristes dimanches

Tu mets des sourires
T'inventes des messes
En chants d'avenir
D'amour de tendresse

En terre étrangère
Comme un étranger
Étrangement j'erre
Pour mieux déranger

Et l'oisiveté
L'*escarpotement*
Les quatre heures le thé
Quel délassement

Gitan d'Amérique
À crinière hirsute
Au vieil alambic
Aux vieux parachutes

Tu chauffes le derrière
Redouble la toile
Hommage à la terre
La vie pleine voile

En terre étrangère
Comme un étranger
Étrangement j'erre
Pour mieux déranger

Quelques âgés Gessiens
Paysans dotés
Assis sur leurs biens
Gessiennement gagnés

Homme de missives
Québécois tout court
Aux âmes oisives
Aux corps sans amour

Tu crées des travaux
De nouveaux plaisirs
À saluer bien haut
L'euphorie de dire

Qu'en terre étrangère
Comme un étranger
Étrangement t'erres
Pour mieux déranger

Tout ce qui te tient
Tout ce qui nous prend
Le laissez je tiens
On laisse et reprend

Sculpture du néant
Bronzé par la mer
À la vie néant
Moins plus que mystère

Tu chauffes ses âmes
Ces anges gardiens
Ces hommes ces femmes
Le plus beau jardin

LE QUAI D'AMOURS

Comme le quai D'Amours
Souvent je me sens vieux
J'ai mal à mes aïeux
Et je compte les jours

Comme le quai D'Amours
J'accepte de vieillir
Mais ne veux pas mourir
Au printemps des labours

Le long du St-Laurent
Où sont les petits quais
On les a empierrés
Aux avaries du temps
Jusqu'au mortel courant

Allez ruse ma rivière
Ma Rivière-aux-Renards
Avant qu'il ne soit trop tard
Redonnons vie au quai

Sont loin les goélettes
Au ciel des naufragés
Et moi dedans la baie
Silencieux poète

J'imagine le quai
Comme une sérénade
Chantant la promenade
D'un plaisir en été

Et je revois du nord
Arriver les pêcheurs
Je sens battre le cœur
Je suis l'eau et le port
Je suis fier d'être encore

Allez ruse ma rivière
Ma Rivière-aux-Renards
Avant qu'il ne soit trop tard
Redonnons vie au quai

LA JARDINIÈRE ET LE TROUBADOUR

Ô laisse-moi t'enchanter
Une autre fois te chanter
Cette ode pour toi inventée

Quand nos yeux se trouvent
Quand nos mains se touchent
Ô comme l'amour nous possède

Sème sème jardinière
Ta rose pousse même en hiver
Que je te cueille avant hier

Que l'on s'effeuille pervers
Loin des écueils en travers
Faisons le deuil des colères

Ces poseuses de traquenards
Qui n'en veulent qu'au bonheur
Et qui sèment le cafard
Quel malheur

Ô laisse-moi t'enchanter
Une autre fois te chanter
Cette ode pour toi inventée

Chante chante troubadour
Les mots réinventés pour
Demain tout de suite et pour

Nos yeux mouillés qui se retrouvent
Nos vieilles mains qui se retouchent
Ce fol amour qui nous possède

ON PARLE DE QUI LÀ ....

Les plus belles au monde
Juste assez rondes
Intelligentes
Des plus excitantes

On parle de qui là...

D'la bolduc dans la langue
Babiche aux souliers
Fortes comme des bœufs
Attelés serrés

On parle de qui là...

Des femmes de carrière
Amoureuses et fières
Des filles de tête
Fragiles à la fête

On parle de qui là...

Y' halent de tout leur corps
Y' ont pas peur de la mort
Valent plus que deux
Tricotés sérieux

On parle de qui là...

Du grand large dans les yeux
De l'énergie dans l'creux
Ben drettes debouttes
Toujours prêtes à toute

On parle de qui là...

Tricotées pure laine
Laissent rien à passer
Elles se souviennent
Accrochées serrées

On parle de qui là...
Qu'elles ont trimé fort
Qu'elles se défoncent encore
Pour se faire un nid
En brindilles serrées

On parle de qui là...

Qu'à cent milles à l'heure
Plein d'amour dans l'nez
Le p'tit bonheur
Est resté imprégné

On parle de qui là ...

De la gigue aux pieds
De l'humour dans l'sang
De grands enfants
Tricotés serrés

On parle de qui là...

PAPA

Au téléphone
Quand tu m'appelles papa
J'aime ça

Tu sais même pas
Quand tu m'appelles papa
C'est quoi

C'est quoi ça m'fait
D'entendre ta voix
Papa

C'comme un je t'aime
Grand comme j'sais pas
Papa

Au téléphone
Quand tu m'appelles papa
J'aime ça

T'as plein d'baisers
Tout plein d'tendresse dans'voix
Papa

Y' a tout l'amour
Que j'savais pas
Papa

Y' a tout l'amour que j'voyais pas
Comm'ça

Tu m'parles du temps qu'il fait chez toi
Puis des coups d'fil que tu as des fois
Des tchums qui meurent avant leur temps
De ceux qui passeront pas l'printemps

Tu m'parles aussi du bord de mer
Tes longues balades en solitaire
Les p'tits messages dans des bouteilles
Que tu relis les lendemains de veille

Au téléphone
Quand tu m'appelles papa
J'aime ça

Et quand des fois
Tu m'passes maman papa
Crois-moi

La vie peut pas
Être plus belle que ça
Papa

Au téléphone
Quand tu m'appelles
Papa

Au bord du retour
À l'orée de la joie
Plus grande qu'elle-même

Je fantasme et je fends
L'air l'eau le feu
Les murs et les foules
Je fantasme et j'attends

À l'orée du retour
Au fond d'une clairière
Renaît notre lumière
Rayonne notre amour

Arrivent nos corps

VINCENT DE L'AN 2000

Vincent de l'an 2000
Quand je vois tes yeux s'ouvrir
Quand se déclenchent tes rires
Je sais que le monde sera beau

Vincent de l'an 2000
En ce jour de grand sabbat
Ton petit cœur de roi qui bat
Me fait rechanter un pays beau

Cette fois c'est la vraie
Le bon grain sur l'ivraie
A repris le dessus

On ne se fait plus de bile
Au sein des grandes villes
Le calme est revenu

Vincent de l'an 2000
Tu appelles la jeunesse
Aux hivers de l'ivresse
Aux sommets toujours blancs

Vincent de l'an 2000
Tu replaces la vie
Les envies la folie
Tu nous refais le temps

On peut rêver en paix
Avec tout le respect
Qu'on ne se doit jamais trop

Vincent de l'an 2000
Je peux partir tranquille
Au ciel de l'an nouveau

Vincent de l'an 2000
Vois-tu mes yeux s'ouvrir
Entends-tu mon rire

Vincent de l'an 2000
Quand je vois tes yeux s'ouvrir
Quand se déclenchent tes rires
Le monde est beau

RIEN NE SE PERD

J'travaille dans mon île
Pour gagner la ville
Rien ne se perd
Sur cette terre

Bain de solitude
Bain de foule
Grand bain de mer
Que je laisserai derrière

Bain de folie
D'étoiles de mer
Bien assis par terre
Bien debout partout

Ailleurs c'est pareil
Le même soleil
On hume la mer
On enrhume l'air

Et la vie bouge
Tant qu'y a des bouges
Du noir du rouge
Et des discours

On tâte les têtes
De la planète
Bien assis par terre
Bien debout partout

J'travaille dans mon île
Pour gagner la ville
Rien ne se perd
Sur cette terre

Océans de taxes
Que vous malaxent
Aux hémisphères
Les élus d'enfer

Bain de mélasse
Bain dégueulasse
Des assis par terre
Des debout partout

Tu sues dans ta ville
Pour gagner mon île
Rien ne se perd
Sur cette terre

Bain de bitume
Bain d'amertume
Bain d'aventures
Bain de ruptures

Bien non bien oui bien sûr
Bain de sols impurs
Bien assis par terre
Bain de boue partout

Et puis la mer
Que j'ai laissée
Derrière

BOEING

Tous ces départs
Toutes ces partances
Ne m'éloignent jamais de toi
Ne m'égare jamais de moi

Je suis les roues
Je suis les ailes
Je suis les réacteurs aussi
De ces oiseaux dans l'infini

Qui me ramènent chaque fois

Vers nous
Et surtout

Vers toi
Dans qui
Je voyage

J'T'ÉCRIRAI PAS D'CHANSON

J't'écrirai pas d'chanson
Car tu sais la chanson
Avant d'être inédite
Avant même d'être écrite

Avant d'être pensée
Inventée
Appartient déjà au fisc
Appartient au public

Ai-je le droit de définir
À ce monde encore beau
Les rondeurs de ta peau
Qui me donnent du plaisir

Ai-je le droit d'écrire
Dans le creux de ton dos
Aux plumes des Pierrots
Le feu de nos désirs

J't'écrirai pas d'chanson
Car tu sais la chanson
Avant d'être inédite
Avant même d'être écrite

Avant d'être pensée
Inventée
Appartient déjà au fisc
Appartient au public

Ai-je le droit de dévoiler
Nos projets les plus chauds
Nos rêves les plus hauts
Aires de liberté

Que tes yeux verts et doux
Fredonnaient bien déjà
Cette ode écrite en toi
Qui se souvient de nous

J't'écrirai pas d'chanson
Car tu sais la chanson
Avant d'être inédite
Avant même d'être écrite

Avant d'être pensée
Inventée
Appartient déjà au fisc
Appartient au public

Au mitan de nos fêtes
Pas de cadeau pour la frime
Pas de son pas de mot pas de rime
Chanson pas encore faite

Au printemps des poètes
Pas de cadeau pour la frime
Taisons ces mots ces rimes
Que je t'aime Colette

RENIFLEURS

Y' a les renifleurs de lignes
Les pêcheurs à la ligne
Le bon vin et la vigne
Et puis le lac des cygnes

Y' a les danseurs en ligne
L'adolescent qui chigne
Les malins les malignes
La vieille dame indigne

Y' a le poète dans le ring
Et les mots qui s'alignent
Le poète dans le ring
Qui saigne et puis qui signe

LE REDRESSEUR DE CLOUS

À quoi ça pense
Un redresseur de clous
Quand ça décrochit
Toutes sortes de clous

À quoi ça pense
Ça pense à quoi
Ça pense à ça

Aux clous à finir
À contreplaqué
Clous galvanisés
Vrillés phosphatés

Aux têtes tordues
Aux têtes perdues
Aux corps trop voûtés
Qui resteront voûtés

Aux moins affilés
Aux plus affûtés
Rien de très futé
Mais ça fait penser

Bien sûr aux plus vieux
Qui même décrochis
Resteront nerveux
Dessous l'établi

À quoi ça pense
Un redresseur de clous
Quand ça décrochit
Toutes sortes de clous

À quoi ça pense
Ça pense à quoi
Ça pense à ça

Aux clous que l'on bat
Et au redresseur
Face au clou forçat
Qui joue l'emmerdeur

Après un coup d'trop
Porté de travers
V'là l'doigt sous l'marteau
Et le clou en l'air

Au clou dans l'espace
À lui qui écume
Aux jurons qui passent
Autour de l'enclume

Se croit-il un clou
Un tout petit clou
Qui cogne des clous
En redressant des clous

À quoi ça pense
Un redresseur de clous
Quand ça décrochit
Toutes sortes de clous

À quoi ça pense
Ça pense à quoi
Ça pense à ça

À celui qu'on cloue
Qui n'a pas péché
À celle qu'on loue
Qui fait le péché

Aux vies à finir
À contreplaquer
Vies galvanisées
Vrillées phosphatées

Aux vies à venir
Puis à décrochir
Aux vies qui dévient
Aux vies qui délirent

Puisqu'il a fallu
En avoir planté
Se faire taper dessus
Puis en arracher

À quoi ça pense
Un redresseur de clous
Quand ça décrochit
Toutes sortes de clous

À quoi ça pense
Ça pense à quoi
Ça pense à ça

À RÉFLÉCHIR

Ça tire au sort
Ça tire à mort
J'tire pas y m'tire
Si j'tire j'm'en tire

Ça tire les dés

La courte paille
Les vers du nez
La révérence
De son côté

Ça tire au but

À bout portant
Ça tire à corde
Ça tire à l'arc
Ça tire la langue

Puis tiré à quatre épingles

Ça se tire les cheveux
Pour tirer mieux
Son épingle du jeu

LA PETITE ANGOLAISE

Une petite Angolaise
Au bas d'une falaise
Demandait à l'Atlantique
S'il voulait la bercer

Et toute seule au monde
Elle attendait de l'onde
Qu'on vienne la chercher
Qu'elle l'amène à rêver

Elle qui ne rêvait plus
Qui vivait dans les rues
Qui n'avait de ruisseau
Qu'un bout de caniveau

Une petite Africaine
Quelque part portugaise
Quelque part brésilienne
Quelque part luandaise

Quémandait l'océan
De lui prendre la main
Pour l'emmener plus loin
Vers d'autres continents

Où y' a de l'eau potable
Et du pain sur les tables
Où ça n'sent pas la mort
Quand on va jouer dehors

Une petite du monde
Demandait à la mer
Juste un semblant de père
Le temps d'une seconde

Pour chasser la tristesse
Pour inventer la joie
Sera-t-il une fois
Quelque chose comme la tendresse

Comme un petit bout de vie
Au sourire naissant
Bercé par l'océan
Bercé par son pays

Une petite Angolaise
Au bas d'une falaise
Demandait à l'Atlantique
S'il voulait l'aimer

AU STAND DE TIR

Ça tire de partout

La couverture
À pile ou face
Aux cartes au thé
À tout surtout

Ça tire une ligne

Un trait une vache
Un joint en l'air
À qui mieux mieux
Le diable par la queue

Ça tire d'érable

Ça tire un coup
Ça en tire deux
On tire encore
Tirons les stores

Ça tire au sort

Ça tire la porte
En l'air à blanc
Le diable l'emporte
Ça tire dedans

Ça tire le vin

Ça tire de loin
De près de la patte
Ça tire les lignes
Même des deux mains

Sans réfléchir

Pour s'en sortir
Ça tire ça tire
Même que ça se tire
Pour ne pas mourir

MILLE ET UN AN DÉJÀ

Mille et un ans déjà
Que ton sang coule dans mes veines
Que dans ma tête tu te promènes
Que je vais où tu vas

Que ta voix chante dans ma voix
Qu'elle fait douceur à mes oreilles
Que je bois à même la treille
Ces vers réinventés pour toi

Que lorsque je suis essoufflé
J'entends ton cœur battre pour deux
Pour que je puisse respirer mieux
Cette boule de vie atrophiée

Que tous les parfums de ton corps
Savent encore me faire retrouver
Les avenues chaudes les allées
De tes jardins de tes trésors

Que dans la langue de tes yeux
Comme des diamants dans la nuit
J'entends tout comme au premier cri
Les mots du bonheur d'être deux

Que le vert bleu de ton regard
Traverse en même temps que moi
Les continents les quais les gares
Qui veulent me séparer de toi

Mille et un ans déjà
Que tu te continues en moi
Mille et un ans déjà
Que je me continue en toi

Mille et un ans déjà
Que se prolonge tant d'amour
Mille et un ans déjà
Qu'on se prolonge

L'AN VERT

L'an vert
En possible

Vers l'an
Réversible

Oui

Mais

Cible
À l'envers

En vert
Cible

Cible
En vers

L'an
Prévert

PAR LES VIEUX TOITS DE BESANÇON

Mon bel amour par les vieux toits de Besançon
Encore une fois on se rejoint par la chanson
Un chant d'amour un chant d'Elsa et Aragon
Un doux poème et des je t'aime par millions

Mon bel amour par les vieux toits de Besançon
Des cheminées casques troués et chapeaux ronds
Viennent me rappeler des échiquiers des guerres sans nom
Avec des reines des tours des rois des fous des pions

Mais la vraie reine c'est toi au-dessus de Besançon
Qui se fait voir par autant de curieux pignons
Yeux de lucarnes bien entrouverts vers ton prénom
On se rejoint bien avant l'air de la chanson

J'écris ton nom et je le crie sur tous les toits
Toutes mes fenêtres toutes mes lucarnes s'ouvrent pour toi
Les pièces en jeu sont même à cheval sur les rois
L'amour parade quand ma Colette vient sous mon toit

L'amour parade quand ma Colette est sous mon toit

VOIE SANS RETOUR

Nous partirons un jour

Découvrir qui on est
Découvrir ce qu'on a
En ces lieux où la paix
N'attend plus que nos bras

Nous partirons un jour

Faire plaisir à la terre
Celle qu'on a adoptée
Quand on l'eut découverte
Sans trop l'avoir cherchée

Nous partirons un jour

Prendre à Diable et à Dieu
Ce qui n'est pas donné
Ce côté mystérieux
Qu'on aura cher payé

Nous partirons un jour

Mais Elle

Elle ne partira pas
Elle sait trop l'amour

Notre terre est un pas
Une voie sans retour

KITORA

Tu regardes l'heure
En te disant
Je n'aurai pas le temps

Et le temps te regarde
En se disant
C'est bien l'heure qui l'aura

LE POISSON MORD

Dix ans plus tard
Montagnes usées
Dix ans plus tard
Forêts coupées

Dix ans plus tard
L'eau a baissé
Dix ans plus tard
Ça mord encore

Le poisson mord
Le poisson mord
Le poisson mord

Encore

Cent ans plus loin
Au nord du nord
Cent ans plus loin
Ça vibre fort

Cent ans après
Cent ans je sais
Et puis après
Ça mord encore

Le poisson mord
Le poisson mord
Le poisson mord
Encore
Mille ans peut-être
Au bout d'un cri
Mille ans peut-être
Au bout d'une vie

Mille ans plus loin
Au bout d'un quai
Mille ans plus loin
Je t'aimerai

L'amour est fort
J'y crois encore
Le poisson mord
Encore

LA PAGE NOIRE

Voilà du papier
Mais où sont les mots
Neige-t-il encore trop
N'ai-je plus d'idées

Voilà du nouveau
J'ai des pièges aux pieds
Les deux mains liées
De blancs au cerveau

Les deux mains liées
De blancs au cerveau

Voilà pire encore
Comme un désespoir
Un hiver bâtard
En janvier qui mord

Voilà du cafard
Pénétrant mon corps
Ça c'est du renfort
Qui fera coucher tard

Ça c'est du renfort
Qui fera coucher tard

Voilà de l'action
Ça y est ça tiraille
Entre les entrailles
Entre les frissons

Voilà de la grisaille
Dessous la toison
Chauffent les neutrons
La muse est de taille

Chauffent les neutrons
La muse est de taille

Voilà de la musique
Sur des mots qui naissent
Une brume épaisse
Lève sa tunique

Voilà qu'apparaissent
Des lueurs obliques
L'espace est magique
Et le temps me presse

L'espace est magique
Et le temps me presse

Voilà qu'ils arrivent
Tous ces mots fêtards
Ces mots en retard
Ces mots qui dérivent

Voilà qu'il est tard
Mais les mots revivent
Quand les sons survivent
À la page noire

Quand les sons survivent
À la page noire

LOIN DES PÉTROLIERS

Une forteresse
Qui ne défend rien
Un petit bras de mer
Qui attend

Qui attend

Une grande tristesse
Qui ne donne rien
Que de longs bras de fer
Qu'on me tend

Qu'on me tend

Et puis l'Atlantique
Qui prend tout en passant
Reste rien en ces lieux
Et puis tout

En même temps

Mon bateau est une âme
Une âme déchirée
Ô toi bel océan
Oseras-tu me bercer

Oceano
Ousaràs tu entender-me

Depuis les brise-lames
Par delà tes lagunes
À ne plus voir les dunes
Loin des pétroliers

L'espoir est au large
L'espoir dans la marge
Mer d'ici mer d'ailleurs
Laisse-toi m'emmener

Juste dans mes rêves
Au sable noir des grèves
Qui des fois font chanter
Loin des pétroliers

Mon bateau est une âme
Une âme déchirée
Ô toi bel océan
Oseras-tu me bercer

Oceano
Ousaràs tu entender-me

MÉLANCOLIE

Si le spleen mélancolique
La brume nostalgique
T'enveloppent comme un brouillard
D'entre saisons de grand cafard

Que ton ventre t'indique
Comme une triste musique
De douleurs passagères
Qui tiennent du mystère

Si tes pauvres yeux vidéo
Dans les salles de ton cerveau
Projettent en toi quelques séquences
D'images évoquant la souffrance

Que monte la marée salée
Jusque dans ta gorge serrée
Pour déborder sur ton visage
Comme un déluge comme un orage

Si tu titubes quand tu marches
Et si tu tousses et si tu craches
Les vieux microbes souvenirs
Qui te grugent à te faire vomir

Que tu te sens comme un signe
Perdu à l'autre bout d'une ligne
Un point-virgule au cœur de la phrase
Un point noir à la fin de l'extase

Pousse un grand cri par la fenêtre
Et si par là y' a pas de fenêtre
Avec ta plume fais un dessin
Et puis après tout ira bien

TARTIG'AOÛT

Ô mer amour
Touches-tu les étoiles
Y a-t-il de l'imaginaire
Du bleu du rouge du vert

Vois-tu notre maison

Ô mer amour
Entends-tu la rivière
Comme quand on dort ensemble
Comme quand ensemble on tremble

Goûtes-tu la chanson

Ô mer amour
Dans toutes ces avenues
Bordées de grands frissons
Sorties de l'ordinaire

Nous as-tu reconnus

Ô mer amour
J'accours j'arrive j'attends
Puis ces vers je les prends
Entre l'âme et la chair

Nos plus belles passions

Ô mer amour
La joie m'est revenue
Tu foules enfin la rive
Mes yeux dans les tiens vivent

On peut voir l'horizon

Nos yeux dans nos yeux vivent
Et le vent qui se gonfle

Et la joie revenue
Font se toucher nos rives

Se croiser les moissons

Ô mer amour
Un grand fleuve nous flaire
Comme on sent un grand fleuve
Qui déplace tant d'air

Qui regagne autant d'eau

Que je t'aime aussi grand

LE CRÉNEAU

C'est le haut de la tour où l'épaisse courtine
Laisse entrevoir des portes tout autour de la cime
C'est la tour de défense la muraille en civil
C'est le médiateur entre l'homme et la ville

Le Créneau

C'est les trois portes ouvertes de St-Louis à St-Jean
C'est de la citadelle le sommet le plus grand
C'est la tour de contrôle où les hommes se protègent
C'est la pierre dans la plaine et une fleur dans la neige

Le Créneau

C'est le simple soldat simplement désarmé
Qui se regarde le premier avant de trop juger
C'est le simple officier en bandoulière une âme
Un général tout nu en désaccord une arme

Le Créneau

C'est la prise de pouvoir et la prise de conscience
Sept années bien remplies sept ans d'adolescence
C'est une armée puissante en un seul maître à bord
C'est la force du fort et non celle du plus fort

Le Créneau

C'est encore la bohème mais elle a bien changé
La solitude est morte avec toutes ces années
Le Créneau est un œil ouvert sur le présent
C'est un peintre un poète un artiste un enfant

Le Créneau

C'est comme le Vieux-Québec et le Vieux-Montréal
Quand on est tout en haut au-dessus des cathédrales
On s'aperçoit qu'en bas au bord de la nature
Autant vivent les hommes autant vivent les murs

NOUADHIBOU

Entre le désert et la mer
Il y a moi qui te rêve

La tête au ciel de pleine lune
La tête pleine de ciel de dunes

Cent milliards de grains d'étoiles
Sur cent milliards de grains de sable

Sans début ni commencement
C'est ici vraiment que ça se passe

Ce quelque part dans l'espace
Ce roulement dans l'éternité

Entre le désert et la mer
Quelque part en Mauritanie

L'horizon n'existe guère
Il n'y a que de l'infini

Et danse danse l'espace
Pour bien marquer le temps

Entre le désert et la mer
Et le vent

Être

Là y' a la mer
Là-bas le désert
Tout ça c'est chez nous
Nouadhibou
Solidaire
Comme le désert
Et la mer

PAYONS PAYS

Pays pas payés
Pays pas payer
Payais pays payerai
Paye pays pays paye
Payons pays payez
Payons pays payés

Quand je suis loin de lui
Sûr que je pense à lui
Mon pays mon pays

L'aime l'aimerai
Terre qui m'a donné
Le fait d'exister

Malgré la sécheresse
Les vents de tristesse
La pauvreté qui blesse

Malgré le verglas
L'hiver aux six mois
Et la mort au pas

Je manque de toi
Outre-mer de moi
Terre qui me fait quoi

Terre qui m'a fait
Terre qui me défait
Terre qui me fait

Taire

Pays pas payés
Pays pas payer
Payais pays payerai
Paye pays pays paye
Payons pays payez
Payons pays payés

QUEL TEMPS FAIT-IL

Être le premier
Réveillé
Levé
Pour voir le temps qu'il fait
Pour voir si on rêvait
Et dire bonjour à février
Au soleil chaud
Sur neige bleue
Entre les bras de la forêt
Qui nous offre encore des secrets

D'autres sentiers à découvrir
Des pistes neuves qu'on vient d'ouvrir
Multipliées par des arrêts
D'émerveillements silencieux

Et boire la lumière comme l'eau pure
S'enflammer pour ne plus s'éteindre
Garder le feu au centre de nous
Pour réchauffer l'hiver qui passe

Mais tout ce qu'on emprunte à la nature
Doit lui être remis au centuple
Elle si généreuse et si seule aussi

Être seul au soleil
Être seul en forêt
Être seul en adulte
Avant que les enfants ne se réveillent
Avant que les enfants ne se lèvent

Pour voir le temps qu'il fait

COMME UN

Voilà que je me rencontre
Que je monte en amour
Je vais me faire des fiançailles

Et la fête m'attire
Et la noce m'appelle
Voilà que je m'épouse

Mon ventre s'ovalise
Je ne souffre pas trop
Et me porte et me transporte

Quelle joie d'être enfin
De savoir que bientôt
Je m'enfanterai

Voilà que je m'accouche
En douleur mais anxieux
De m'apercevoir

Cent huit journées d'attente
Dures et grandes à la fois
Pour entrevoir ma tête

Et voilà que je sors
De ma coquille neuve
Émerveillé déjà

Tout ça n'a rien coûté
Puisque je me suis fait
Au-delà de l'amour

Comme un

AVRIL

J'ai encore dans les mains
De la gomme d'épinette
L'arôme des sapins

Et dans le nez l'odeur
Le parfum de la cédrière
Bien garnie et en santé

Je prends mon temps
Je suis le rythme naturel
De l'espace indiscutable
Qui fait de l'être petit
Un homme grand
Au soleil tout-puissant
Des premiers jours d'avril

Et la ville travaille
Le village se repose
Puis la forêt s'anime
Entre les mains de Dieu
Entre les mains de ceux
Qui l'adore au-delà
Des embûches possibles
Et jusqu'à l'impossible

J'ai encore dans les mains
De l'amour à donner
De la tendresse à partager

Et dans le nez l'odeur
Le parfum du bonheur introuvable
Mais chaque fois retrouvé

Je prends mon temps
Je suis le rythme naturel
De l'espace indiscuté
Qui fait de ses hommes grands

Des êtres libres
Au soleil tout-puissant
Des premiers jours d'avril

JUSTE POUR DIRE

Et le vieux sort son nez
Et sa tête et son ventre
Sur le perron de la vie
Au cœur de son village

Un coup de fil
Juste pour dire
Juste pour te dire
Comment c'est beau ici

Ça bouge de partout
En dessus en dessous
Le grand maître a dû pêcher
Aux abords de la baie

Comme le jeune capitaine
Qui revient par la berge
On retourne nos yeux
En dedans de nos têtes

Un coup de fil
Juste pour dire
Juste pour te dire
Que...

Dommage
C'est toujours occupé

N'ATTENDONS PLUS

N'attendons plus
Que sur les noires les blanches les rondes
Ce soit la colère qui gronde
Que ça sente trop la poussière

N'attendons plus
Que sur ces temps de grand brouillard
Tombe ce qui reste de vieillard
Que ça sente trop l'impatience

N'attendons plus
Que la mort mette tous ses attraits
Qu'il fasse froid comme jamais
Que ça sente trop l'insouciance

Allons déjà
Mettre en musique tout ce qui bouge
Les noires les blanches les jaunes les rouges
Que ça ne sente plus la colère

Allons déjà
Interroger nos plus beaux sages
Et qu'avant de tourner la page
On s'assure de connaître l'air

Allons déjà
Chanter cent mille chansons d'espoir
Pour nous sortir de ce trou noir
Et redécouvrir la lumière

DES PAS DANS L'HIVER

Quand je marche sur la neige
Et que sous les semelles
De mes chauds mocassins
Des musiques grinçantes
Me font mettre les bras
En croix sur le corps

Je sais qu'il faut rentrer
Pour ne pas
Que mon cœur prenne froid

LUDWIG

Le jour se lève
Et les archets
Des violons
De Ludwig
Dans une gigue
Symphonique
S'envolent
Dans tous les espaces
Et dansent
Sur huit milliards de cordes
Multipliées
Et leur pas
Rythment
Les mélodies
Géniales
Et les harmoniques
Uniques
D'une musique
Atemporelle

TRINIDAD

C'est une fée
Pas ordinaire
Toujours
Vêtue de noir
Qui devient
L'eau et l'air
Au doux vent
De l'espoir

C'est une beauté
D'âme
Un danseur
Un poète
Et sur toutes les planètes
L'unique reine

La femme

SUR LA ROUTE D'ADEN

Sur la route d'Aden
Yémen

Des vallées
Des coulées
Du sable
Et de la pierre

Sur la route d'Aden
Yémen

Des vallées
Des coulées
Villages
De lumières

De l'espoir du courage
Sur la tête des mères
Toujours le même voyage
Toujours le même désert

Montagnes qui enivrent
Au cœur des vieux volcans
Font revire et survivre
Les tribus dans le temps

Sur la route d'Aden
Yémen

C'est courbé
Recourbé
C'est comme
La misère

Sur la route d'Aden
Yémen

C'est courbé
Recourbé

Le chemin
Pour la mer

Se démontent les souks
Entre les chèvres entre les boucs
Plus personne ne parle fort
C'est le jour qui s'endort

Les pêcheurs sont rentrés
On a fait la criée
Les voiles sont pliées
Les femmes dévoilées

Sur la route d'Aden
Yémen

Des vallées
Des coulées
Villages
De lumières

Sur la route d'Aden
Yémen

Des vallées
Des coulées
Villages
De lumières

Des vallées
Des coulées
Villages
De lumières

Des vallées
Des coulées
Villages
De lumières

Yémen

SOL

La huitième note
De la gamme
C'est un soleil
Pas comme les autres

C'est un cinquième
Vendredi
Dans la semaine
Des quatre jeudis

Non plus

Le huitième jour
N'est pas un drame

Do ré mi fa
Sol la si sol

Pour le soleil
Et la lumière
À la solitude
De la terre

La huitième note
C'est la note folle

Do si la sol
Fa mi ré sol

Quand vous entendrez
La huitième
Le sol sera
Terre lointaine

En attendant
Si on parlait
Du la bémol

L'ÉLAN

Comme

Un bel orignal malade
Qui ne peut plus courir
Et qui fuit le troupeau
Pour s'en aller mourir
Tout seul

Je hurle

Puis je me traîne
Jusqu'au fond de l'abîme
Et voir le fond du trou
Me fait sourire un peu

J'espère déjà

La mort n'est pas venue
La bête est dure à cuire
Voilà donc qu'elle se relève
Voilà qu'elle prend son air

Son élan

Comme un bel orignal
En forme
Qui peut encore courir
Qui ne veut pas mourir

Une autre fois

Comme je hurle
J'espère déjà
Son élan
Une autre fois

JUSQU'À PLUS LOIN

Dans mon ventre relaxé
Des espaces voyagent
Paysages non taxés
Savoureux et sauvages

Jusqu'à plus loin peut-être

Je rêvais d'un voilier
Rêvais d'être matelot
Me voilà batelier
Heureux d'être sur l'eau

Jusqu'à plus loin peut-être

Ne connais les bas-fonds
Ni les hauts-fonds de moi
Les remous qui défont
Ne me touchent même pas

Jusqu'à plus loin peut-être

Jusqu'à plus loin déjà
C'est tout ce grand mystère
Qui m'appelle au-delà
Quand m'attire la mer

Jusqu'à plus loin déjà

TITANIC

Le navire joue
Et l'orchestre coule
Tout est full
La grande foule

Full bec
Full front
Full joue
Full floue

Faut-il attendre encore la fin du jour
Afin de déposer sa tête entre ses mains
Faut-il venir au bord de rejeter l'amour
Pour presque perdre tout espoir de lendemains

Pas plus aveugle qu'un voyant qui ne veut pas voir
Pas plus mourant qu'un mort-vivant qui pense qu'il marche
Faut-il attendre encore de briser le miroir
À croire qu'on est le seul matelot de l'arche

Le navire coule
Et l'orchestre joue

Tout est full
La grande foule

Full bec
Full front
Full joue
Full floue

Faut-il attendre encore de voir le mur du mur
Pour peut-être enfin entreprendre une décision
Faut-il venir au bord de perdre sa chaussure
Parce qu'une autre fois on a voulu être Cendrillon

Marcher nu-pieds quand y faut trente sous zéro
Ça va plus vite mais on fait moins de kilomètres
Faut-il attendre encore que coule le bateau
Pour se faire croire qu'à bord nous sommes les seuls maîtres

Le navire joue
L'orchestre itou
Tout est full
La grande foule

Full bec
Full front
Full joue
Full floue

QUOIQUE

Elle n'est pas bien haute ma tour
Mais j'ai une superbe vue

Et puis l'important à savoir
N'est-ce pas de voir

Quoique

Je me serais passé de voir
Ces milliers de soldats
Morts au champ de l'espoir
Morts au champ de l'effroi

Elles sont petites mes oreilles
Mais j'entends tout ce qui se passe

Et puis l'important à tout prendre
N'est-ce pas de comprendre

Quoique

Je me serais passé d'entendre
Ce vacarme d'enfer
Quand les bombes à tout fendre
Ont prolongé la guerre

Elles ne sont pas longues mes jambes
Mais elles courent sans se fatiguer

Et puis l'important sans chercher
N'est-ce pas de marcher

Quoique

Je me serais passé d'aller marcher
Puis de courir comme un fou
Au-devant de janvier
Quand c'était le mois d'août

Mes bras ont toujours été longs
Sans être vraiment très musclés
Et puis l'important à tout le moindre
N'est-ce pas d'étreindre

Quoique

Je me serais passé d'étreindre
Tous ceux qui m'ont jugé
Qui m'ont croisé pour feindre
Une tendresse abrégée

Elle est bien petite ma bouche
Mais souvent elle adore chanter
Et puis l'important sans compter
N'est-ce pas de chanter

Quoique

Je me serais passé de chanter
Pour ces oiseaux moqueurs
Qui n'ont jamais payé
Leur place de spectateurs

Peut-être que j'ai un tout petit cœur
Mais je sais qu'il aime comme il t'aime
Et puis l'important toi nommée
N'est-ce pas d'aimer

Quoique

Je n'ai jamais aimé l'armée
La guerre et puis les bombes
La neige au mois de mai
Et quand le plaisir tombe

TRAPÉZISTES

Ignorant le filet
Accrochés à l'espace
Et au vide en même temps
Dans la nuit et le temps

C'est tout comme s'ils volaient

C'est tout comme s'ils volaient
Sans tutu presque nus
Ces deux beaux trapézistes
Au-dessus de la piste

Comme dans un grand ballet

Comme dans un grand ballet
Se rejoignent et se perdent
Et se retrouvent encore
Allez serre-moi fort
Ô grand Dieu s'il fallait

Ô grand Dieu s'il fallait
Et puis c'est reparti
Ils se lâchent à nouveau
Trapézistes au filet
Trapézistes au tapis

DANS LE CIEL DES CULTURES

Trente ans d'errance
Volontaire culturelle
Fidèle à la mouvance
Comme à la douce France

Trente ans bien sûr
Que se monte se démonte
Au sommet des mâtures
Dans le ciel des cultures

Un chapiteau géant
Où des femmes et des hommes
Simulateurs savants
Penseurs chercheurs en somme

Dévoilent leur savoir
À des publics tremblants
De tout prendre de tout voir
Et sans perdre de temps

Trente ans jusqu'à Caen

Ça y est
C'est parti

Sous la tente
S'allument les projecteurs
Et comme des mèches en attente
D'être allumées par les acteurs

La magie
Va faire œuvre

Il était seul hier
Voilà qu'il est 2000
À percer les mystères

Trente ans jusqu'à Caen

LE MOUCHEUR

Salmo salar
Salmo salmar
Je ne sais pas très bien
D'où cela me vient
Dit le moucheur

Mais lorsqu'à travers
Les vents qui chantent
Mes narines sentent
Comme un call
Comme un appel

Je devine le courant
Je deviens le rident

Je lis
Dans les lignes de l'eau
Je suis
L'aviron et le canot

Je lis
Le large et l'horizon
Je suis
La mouche et le saumon

Salmo solar
Salmo salmar
Mon roi mon frère

Toi que j'admire
De revenir mourir

Où elle t'a fait la vie
Où tu l'as faite aussi

Ô laisse-moi te prendre

Ou bien c'est toi qui me prendras
Ou bien c'est toi ou bien c'est moi

PARFUMS

La mer la mer ô oui la mer
J'ai dû la goûter et la boire
Pour qu'elle remonte même en hiver
Ma gorge sèche et ma mémoire

En ai-je profité vraiment
Sûrement mais je ne m'en souviens plus
Sinon que j'en rêve souvent
Quand les chaleurs prennent le dessus

Hum parfums
Imprégnés jusqu'au cœur
Rappellent des bonheurs
Que l'on croyait défunts

De ma jeunesse les sentiers
Foulés de mes pas solitaires
S'impriment encore sous mes pieds
Et me font souvenir d'hier

L'arôme du pain de ménage
Qui me vient plus fort en janvier
Quand l'odeur des grands froids dégage
Comme une envie de s'empiffrer

Hum parfums

Imprégnés jusqu'au cœur
Rappellent des bonheurs
Que l'on croyait défunts

Bien sûr d'autres parfums vont naître
Il est autant d'odeurs que d'hommes
Mais que sentiront-ils ces êtres
Quand ils croqueront dans la pomme

L'odeur de l'argent et du prix
Qu'ils auront cher payé pour elle
L'odeur des grands magnats du fruit
L'odeur des teneurs de ficelles

Hum parfums
Imprégnés jusqu'au cœur
Rappellent des bonheurs
Que l'on croyait défunts

LA FEMME DE MON ÂGE

La femme de ma vie n'a pas d'âge
La femme de mon âge c'est ma vie

La femme de mon cœur n'a pas d'âge
La femme de mon âge c'est mon cœur

Elle n'a pas de frontière
Et son cœur est si grand
Que débordent les mers
Quand elle mouille dedans

Elle est tous les visages
Et toutes les couleurs
Elle est tant de bonheur
Que j'en deviendrais sage

La femme de ma vie n'a pas d'âge
La femme de mon âge c'est ma vie

La femme que j'adore n'a pas d'âge
La femme de mon âge c'est de l'or

Le timbre de sa voix
Me regarde et me prend
Et le chant de ses pas
Fait danser en dedans

Qu'elle dorme je la suis
Qu'elle meure je me tue
Qu'elle pleure moi aussi
Qu'elle rie moi non plus

La femme de ma vie n'a pas d'âge
La femme de mon âge c'est ma vie
La femme de ma vie n'a pas d'âge
La femme de mon âge pour la vie

LA VEILLÉE

Être rassemblés
Autour
De l'amour

Être là
À parler
À rire
À chanter

À plusieurs
Être en même temps
Tout seul

Sentir l'espace
Et en même temps
Le lieu

Être bien
En face de plusieurs
Être en face

Être deux
Être eux deux

Se toucher les verres
Craquer le plancher
Ne pas quitter la table
Vouloir tant rester

N'être rien autour
Naître bien d'amour

Retenir sa chaise
En voulant se lever

Rester attablés
Et puis
Veiller

JG

Tu pars en orbite
Et ma maman
Au même moment
Change de suite
Change de place
Change d'espace
Et comme toi
Laisse une trace
Et reste vivante
Sans comprendre
Que rien ne change
Plus on dérange

ÉTRANGER

Tu ne sais pas comment
À quel point
Il est beau
Il est grand

Le pays dont tu parles
Le pays que je chante

Je t'emmènerai
Un jour
Tu le veux
Je le sens

Je t'emmènerai
Et t'arrêterai
Sur des sentiers de neige
Sur des chemins d'eau
Qui te feront exulter

N'importe où
Sur la côte
Je t'abandonnerai
Seul

Mais
Comme l'oiseau
Pas fait pour être en cage
Tu t'envoleras
Seul

Dans des espaces pleins
Tu iras te perdre
Pour mieux te retrouver
Plus loin
Beaucoup plus loin
Que les battures
Où les vagues mouillent
Et remouillent

Et s'agenouillent

Et après la mer
Les grèves et les terres
Il y a l'immense étendue
D'infini

Tu me demandes
Si c'est comme dans les films
Je te dirais que c'est plus beau

Mais tu n'as rien vu
On n'a rien vu encore

Étranger arrête
Arrête-toi
Le silence du nord
A un langage d'or

Bien pus loin que les mines
Y' a des hommes tranquilles
Qui nourrissent tes rêves

Va les voir
Et après
Continue ton chemin
Il ne s'arrête pas là

Rien ne s'arrête
Rien
Les spirales qui dansent
Au-dessus de nos têtes
Ne sont pas révolues
Elles évoluent

Alors il te faut danser
Le pays que je chante

RACINES

Douce France musettes-tu encore
Danses-tu la java ou tes valseurs sont morts
Dans ton noble pays deviens-tu quelqu'un d'autre
Ressens-tu tes racines comme on sentait les nôtres

Où sont passé

Les accordéons les bandonéons
Le tamtam indien la kora d'Afrique
Flûtes et mandolines et la ruine-babine
Le cor des montagnes les cors de Bretagne

Puis Québec dans le fond du tréfonds
La swingues-tu la baquaise dans l'fond d'la boîte à bois
Dans ton vaste pays deviens-tu quelqu'un d'autre
Ressens-tu tes racines comme on sentait les nôtres

Où sont passé

Les petits violons les flûtes de paon
Quito la kéna quatro de Lima
Les turluteries les joueurs de scie
Le bouzouki et l'harpe celte aussi

Le jazz des gitans les doux sifflements
Sydney clarinette et la danse à claquettes

Et l'États-Unien y' a que toi qu'on entend
Plus tu te tends plus tu t'étends
Dans ton pays puissant deviens-tu quelqu'un d'autre
Ressens-tu des racines un petit quelque chose

Tous ceux qui te font te refont te défont
Sont autant de voix de cultures de choix
Tu le sais très bien qu'ils sont ton pays
Tes états unis

Et se rassembler ça ne veut pas dire
Ne plus se ressembler
L'odeur de tes pieds sur le sol entier
C'est aussi la nôtre

Et ton empire dans le fond c'est nous autres

UNE IMAGE UN INSTANT

Faut rester en mouvement tout le temps
Tout le temps tout le temps tout le temps
N'être que de passage
Un instant une image

Sinon quand on s'arrête
On oublie comment
Il a fallut se battre
Pour demeurer vivant

Et la mémoire de l'homme
A tellement rapetissé
Que c'est bien pour cela
Qu'il faut toujours bouger

Pour se rappeler de l'autre
Qui vient juste de t'appeler
Parce qu'il t'a vu hier
Que ça lui a fait penser

Que t'existes toujours
Qu'on peut compter sur toi
Parce que t'es en mouvement
Que tu ne t'arrêtes pas

Que tu ne veux pas oublier
Le pourquoi du comment
Que tu es de passage
Une image un instant

MÊME TU

Demain
C'est ton anniversaire
Mais
Tu ne seras pas là

J'appellerai quand même
Chez toi
Mais
Ça ne répondra pas

Même pas un répondeur
Même pas une boîte vocale
Même pas un afficheur

Même pas

Papa

Même

Tu

REMETTONS-NOUS EN CHANTIER

Donnons une âme à nos pays
Donnons un pays à nos âmes
Attelons-nous hommes et femmes
Aux grands labours et aux semailles

Soyons fidèles à nos accents
À notre langue fière à défendre
À tout ce temps qu'il faut reprendre
Remettons-nous tous en chantier

Faut pas oublier de planter
Pour que ça pousse
Quand tu ne sens plus tes racines
Demandes-toi si t'as semé

COLETTE COMME LET IT BE

Colette
Comme let it be
Co comme come
Comme let it be
Comme let it beau

Colette
Come elle est ici
Co comme avec
Comme let it be
Comme let it beau

Laisse-toi être
Tu es
Sirène et princesse
Et reine
Ça doit être
Cela
Sirène et prince
Sirène

Grand cris de mort
Stentor
Le fait de l'effort
Encore

Ö laisse laisse
Ö sois
Si si ö si si
Si reine

Hurle hurle sans
Effort
Les forts renaissants
Des forts

Les laids qui relayent
Les sots
Inactifs assis
Aux rênes

ARRIVE UN POINT

Je ne viens pas ici
Pour m'en aller ailleurs
Ailleurs j'y suis toujours
Ici je n'y suis jamais

Je ne m'en viens pas te voir
Pour aller voir ailleurs
Ailleurs il n'y a pas l'amour
Que tu me dis que tu me fais

Je ne m'en viens pas chez moi
Chez moi n'est pas ailleurs
D'ailleurs j'ai fait le tour
À savoir qui on est

Je ne m'en viens pas chez nous
Je ne m'en vais pas ailleurs
J'arrive un point c'est tout
J'arrive avec le cœur

Reste l'enfance oubliée
Reste l'intense clarté
Reste l'avenir qui sait
Reste mon morceau préféré
Reste ma tendre moitié

LA COMPLAINTE D'UNE BLONDE EN CRISSE

À c't'heure qu'on s'est pas racc'modés
Tu vas arrêter de m'achaler
Espèce de vieille agace pissette

Va-t'en donc prendre un appointement
Au roi des aubaines sacrament
Pis fais ajuster tes bobettes

Parc'que j'va dir't'as été chanceux
D'abuser de ma chair crasseux
Pis de pouvoir chauffer mon char

Là tu pèses pus dans la balance
Pis t'auras pus jamais d'autr'chance
J'ai écris ton nom sus l'babillard

M'en va recharger mes batteries
J'ai mon voyage de tes conneries
Pis tes bébelles pis tes bibittes

Envoye prends ton bicycle à gaz
Enfourche le BS pis écrase
T'es pus le bienvenu par icitte

T'as beau avoir les bleus kodinde
Continue d'gruger ton blé d'Inde
Pis de recompter tes bleuets

J's'rai pus jamais ta blonde ta canne
Même que J's'niff'rai pus ta boucane
Pis que j'braill'rai pus jamais

Quand t'étais là maudit maniaque
T'étais dispendieux en barnak
Ça m'coûtait un bras rien qu'en brassières

T'as beau penser que j'capotasse

Tu vas y r'tourner dans ta crasse
Finies les p'tites danses pis les grosses bières

Non y' a pus d'place pour les caucus
J'garde ma salive j'te laisse tes puces
Gratte-toé tout seul hideux cloporte

Non non lâche-moé j'en ai pus d'foin
T'as vidé l'cochon à matin
Just'avant que j'te mette à porte

Chus fatiguée pis pas à peu près
Rien qu'à te voir m'tourner après
J'préfère r'garder les comiques

M'en va m'payer un condo d'adon
J'endurerai pus tes condoms
M'en va respirer loin de ta clique

Confortable propre pis ben correct
Sans les coquerelles de ta secte
À moé toute seule m'a être un couple

J'veux pus m'faire crouser m'entends-tu
Par des croches pis des sales qui puent
Qui plient jamais qui n'sont pas souples

Chus rendue au coton à corde
Au boutte du boutte pis ça déborde
Au dernier des degrés d'dégoût

Tu touch'ras pus jamais les mousses
Allez fous l'camp va faire du pouce
Ton bicycle c'est rien qu'un bazou

Va-t'en faire une grosse épluchette
Avec ta p'tite gang de tapettes
De grosses foufounes de tites quéquettes

Moé j'me garoche dans la peinture
Dans la musique dans la sculpture
C'en est fini de jouer les dures

C'est pas des jokes mon gros niaiseux
Épais maringouin vénéneux
Déguerpis avant qu'il ne tarde

Oui c'est la dernière fois qu'on casse
Allez décrisse va prendre ta tasse
J'veux pus jamais être dans la marde

SI LA TENDANCE SE MAINTIENT

Selon les grands
Météorologues
La terre ne manquera
Jamais d'eau

Partout dans le monde
Il fera beau
C'est bien écrit
Dans le catalogue

Selon les grands
Loverologues
Tout ira mieux
Demain

Et tous les hommes
Vivront d'amour
Toutes les femmes
For sure

Si la tendance si la tendance
Si la tendance se maintient

Plus de chicane
Dans la cabane
On n'aura plus
Besoin de parler

Il suffira
De se regarder
Dans le miroir
Qu'est la télé

Pousseront des arbres
Dans les déserts
Et des montagnes
Dans les vallées

Chaque petit village
Aura sa mer
Plus d'autres saisons
Que l'été

Si la tendance si la tendance
Si la tendance se maintient

On aura tous
Sans exception
La gueule fendue
Jusqu'aux oreilles

Finis la chanson
Mort aux cons
De profundis
Au grand soleil

Selon les cotes
D'la bourse velours
L'éconamour
Montera toujours

Et grimpe grimpe
L'humain qui ose
Et qui dépose
Enfin les poings

Si la tendance si la tendance
Si la tendance se maintient

ÉLISE

Dans la maison d'Élise
Où il y a moins de christs
Que dans nos grandes églises
Où nos prêtres se glissent

Où les jubés cachés
Se découvrent aux venants
Qui veulent encore prier
Jésus-Christ ou le vent

Dans la maison d'église
Où Élise est femelle
Entre vent entre brise
Nudité ou dentelle

Dans la maison qui frise
Les tonneaux de vin sec
Dans la maison qui prise
Le tabac le plus sec

Dans l'odeur du tabac
Que l'on prise dans la brise
Jésus-Christ se débat
Dans la maison d'Élise

DAGOBERT

Tout va très bien
Depuis quelque temps
Les peureux foncent
Ou alors crèvent
Et ça travaille au parlement

C'est pas si pire
Monseigneur
Vive l'église
Et sa relève
Dans les chœurs y' a de nouveaux chants

Et Dagobert le bon roi
A mis sa culotte à l'endroit
Mais attention
Dans ma chanson
Y' a pas retourné son caleçon

Vous mon très cher
Général M
Toutes vos affaires
Grossissent
Plus vos voitures rapetissent

Et le whisky
Et le tabac
Toujours plus haut
Comme le pétrole
C'est la devise de votre école

Et Dagobert le bon roi
A mis sa culotte à l'endroit
Mais attention
Dans ma chanson
Y' a pas retourné son caleçon

La femme est chère
La chair faiblit
C'est toujours une
Question d'écu
Ou t'en as plein ou t'en n'as plus

L'amour est mort
Vive l'amour
Les amants sortent
Dans la rue
Pleurent tout autour les cocus

Et Dagobert le bon roi
A mis sa culotte à l'endroit
Mais attention
Dans ma chanson
Y' a pas retourné son caleçon

CHANSON DOUCE

Une chanson douce
Que te chantait ta maman
Une chanson douce
Que te chantait ton amant

T'es mon trésor
Mon coffre-fort
Ma garderie

T'es le chapelet
Que j'égrènerais
Toute la vie

T'es ma ventouse
Ma pelouse
Ma jardinière

T'es mon latin
Mon bulletin
Mon écolière

Tu es ma soif
Mon épitaphe
T'es mon alcool

T'es mon espoir
T'es mon trottoir
T'es mon école

T'es mon glaïeul
T'es mon linceul
Mon cimetière

T'es mon trognon
T'es mon chaton
T'es ma litière

T'es mon soda
Mon salada
Ma caféine

T'es mon bromo
Mon sel Éno
Mon aspirine

T'es mon bonheur
Mon mal au cœur
Mon mal au ventre

Mais y fait noir
Suis en retard
Faut que je rentre

Une chanson douce
Que te chantait
Ton amant

Une chanson douce
Que te chante
Ta maman

L'ÉCU

Une petite armure
De rien du tout

Même pas d'écu
Pour se défendre

Puis à quoi ça sert un bouclier
Quand on ne sait pas s'en servir

À mots cachés à mots couverts
Comme une langue pas encore née
L'armure reste fragile au cœur
Qu'on vient tout juste de transpercer

LA FOULÉE

Tu es mon ouragan
Mon élan
Ma biche

Mon pôle Nord
Revenu solitaire
Mes rafales d'hiver

Tu es
Ma maison de rêve
Mes espaces mes trêves

Et crois-moi
Cette terre ne serait rien
Sans la foulée de tes pas

MON VOYAGE

Les trains
Que je prends
Sont une femme

Les avions aussi

Tous ces départs
Ces retours

C'est mon amour
Au creux d'un lit

Elle
Elle a toujours fait mes bagages
Et souvent
Sans m'accompagner

Un jour
Moi qui adore voyager
Je ne suis plus parti

Elle
Elle devint
Mon plus beau voyage

MONTBAZIN

À Montbazin
C'est vendredi
Il est midi

Il y a du linge étendu
Un peu partout
Dans les petites rues

Et tous ces draps
Qui vous saluent
Sentent l'amour

Et ça respire
Le bon temps
Et les enfants

À Montbazin
C'est vendredi
Et aujourd'hui

Y' a pas grand monde dans les rues
Ni aux balcons
Ni aux fenêtres

Il n'y a que moi
Qui me suis perdu
Heureux de flâner
Un peu plus

Dans la mémoire
Et dans le temps
Qui me rattrape
Tranquillement

À Montbazin
C'est samedi
Il est midi

Et dans l'arène
Des taureaux au repos
Se gonflent le torse

Ils se font beaux
Pour le dimanche qui vient

Demain
Il y aura du trémolo

Mais là
Près du cimetière
De Montbazin

Au son lointain de l'orgue de l'église
Loin des cordes à linge du village
J'ai retrouvé mon chemin

EST LÀ ÉLISE

Est là Élise
Élise est là
Ô fleur Élise
Ma fleur d'Élise

Sœur de Vincent
De l'an 2000
Petit enfant
De l'an tranquille

Est là Élise
Comme le p'tit fils
Ô fleur d'Élise
Ô fleur de lys

Un enfant de plus
Sur la terre
De nouvelles pensées
À venir

Et tout un monde
À découvrir
À travers
Autant de mystères

CELLO CELLISTE

La vie de violoncelliste
Mais qui a dit qu'elle était triste
Du moins ce n'est pas mon avis
Mon violoncelle est dans ma vie
Et ma vie n'est pas triste aussi

Quand il est seul dans son étui
Il est comme moi dans son petit coin
Y' a besoin qu'on s'occupe de lui
Un coup d'archet ça coûte rien
Un coup d'amour ça fait du bien

Et je me sors de mon sommeil
Et je le sors au grand soleil
Osant créer de nouveaux sons
Bien en dehors de la partition
Bien en dehors de la chanson

Cello cello on se ressemble
Tes cordes sont devenues les miennes
On vibre maintenant ensemble
Cello cello qu'à cela ne tienne
Cello cello tu nous rassembles

Je sais que sans moi tu n'es rien
Qu'avons-nous l'air dans une boîte
Bien sûr on n'a plus l'air de rien
Alors vitement voire à la hâte
Allons tous deux sur les grands chemins

On nous attend au bout du monde
Et au milieu et puis au bord
On nous attend au sud au nord
Viens-t'en avant que ça déborde
Allez viens vite que l'on s'accorde

LA ROUTE DU PARC

En revenant de Québec

Des arbres des arbres
Encore des arbres
Des bosses des trous
Des roches de la boue
De la sloche de la gadoue

À travers ça des orignaux

En revenant du lac St-Jean

Des camions
Des petits des gros
Des moyens des lourds
Des autobus
Des vans des vans

À travers ça des orignaux

En revenant de Saguenay

Tempête de neige
Radio qui griche
La route n'est pas riche
On voit pus la charrue
On s'est-y perdu

À travers ça des orignaux

Les épinettes
Les épicentres
Les épitaphes
Et puis j'en passe
Et puis j'en passe

À travers ça des orignaux

La route du parc moi j'embarque

Huit heures et quart
Un radar
Un corbillard
À l'étape
Un p'tit café fort

En travers des orignaux

Midi moins quart
Un mort deux morts
Trois morts et quart
Y' est pas mort
Y' est pas fort
À l'Étape
Un p'tit café fort

À travers ça des orignaux

L'OISEAU-LYRE

Nous n'irons plus dans l'Anse
Au grand bal des poètes
Nous n'irons plus chanter
La folie douce en fête

L'oiseau-lyre est parti
Elle a fermé l'auberge
Et tout seul sur la berge
Un colosse a pleuré

Lui aussi est parti
Pour retrouver sa ville
Montréal est une île
Montréal c'est petit

Du moins c'est c'qu'on peut dire
Quand la douleur s'installe
L'infiniment petit
Le meilleur à venir

Quand ça frappe à la porte
Et que c'est le malheur
Si ça fait mal au cœur
Laisse-le quand même entrer

Dis-toi que ce visiteur
Est la moitié de toi
Ce côté que t'haïs
Comme la mort dans la vie

Puis un jour sans savoir
Le pourquoi d'un détour
On s'en ira s'asseoir
Dans l'Anse des beaux jours

Pour revivre des musiques
Qui résonnent encore
Il était une fois
Des trouveurs de trésors

Nous n'irons plus dans l'Anse
Au grand bal des poètes
Nous n'irons plus chanter
La folie douce en fête

L'oiseau-lyre est parti
Elle a fermé l'auberge
Et tout seul sur la berge
Un colosse a pleuré

PAYS-STAR

Mon pays est une star
Une étoile grimpante
Il fait parler de lui
Puis tout à coup

Les critiques et après
On le monte au sommet
Le voilà au top trente
Puis tout à coup

On s'inquiète de lui
On l'ignore à la fin
A-t-on coupé sa langue
Est-il sourd et muet

Alors on le descend
Pour mieux se relever
C'est la presse qui mène
C'est le peuple qui paye

Mon pays est une star
Une étoile grimpante
Vedette américaine
Une étoile filante

L'ARME

L'âme
Est dans l'homme
L'homme est dans l'âme

L'arme
Est dans l'homme
L'homme est dans l'arme

Quand
L'homme s'éteint
L'âme est déjà loin

Et
L'arme
Qui la tient

BOUT DE TOI

Quand la tristesse
Disons la mélancolie

Quand elle frappe
Aux portes de ta vie

Sache bien lui ouvrir
Ne la laisse pas souffrir

Toute seule dans la nuit

Offre-lui à manger
Peut-être à dormir aussi

Sûr que ce n'est pas la joie
Mais vous avez à parler

Sans être ton amie
Elle aussi
Fait partie de toi

Donne-lui un peu de temps

Un bonheur sonnera
Et elle repartira

Comme la joie
Elle passe de temps en temps
Et ne reste pas longtemps

BILAN

C'est pas parce que
C'est le Premier de l'an
Q'il faut faire le bilan

Sans avertir
N'importe quel temps
Il s'impose de lui-même

Le bilan le bilan le bilan

Quand repasse le film
Un coup de nostalgie
Et de mélancolie s'installe

Heureusement pour moi
Y' a que les bons moments
Je ne sais pas pour toi

Dis-moi

Que ces états de passage
N'ont rien à voir avec l'âge

ÇA ROCK ÇA RAP ÇA RAI

Pendant que ça fait rock
Pendant que ça fait rap
Pendant que ça fait raï

Quelque part ça déraille
Quelque part ça dérape
Quelque part ça défroque

Et les quatre fers
En l'air en air
Mains sur les fesses

On valse on valse encore
On festivalse jusqu'à la mort

PETIT MARTIN

Un matin
Le petit Martin
Pour une affaire de rien
S'était mis dans le pétrin

Tout ça pour un joint
Vendu à un copain
Un tout petit larcin
Qui lui coûta combien

Presque tous ses biens
Son vélo ses patins
Ses précieux mocassins
Sans parler de ses voisins
Et de son chien

Aujourd'hui dans son coin
Le petit malin
Cuve son chagrin
Comme on cuve son vin

Il attend une main
Espère d'autres chemins
Un nouveau quai un train
Attend l'ange gardien

S'il ne fait plus le pantin
Et surtout s'il devient
Merveilleux arlequin
Après tant de chagrin

Il retrouvera son copain
Ses amis ses voisins
Son vélo ses patins
Et son chien
Et chantera sans fin
La chanson de Martin

L'AN NOUVEAU

L'an nouveau
En nous vaut
Les promesses
Les promesses

Alors mieux vaut
D'an nouveau
En an nouveau

Pas promettre
Pas promettre

Mettre un an en jeu
C'est quand même pas sérieux
Un enjeu sur un an
Ce n'est pas plus payant

Misons misons l'an neuf
Malgré le chiffre sept
Prenons l'argent et l'œuf
Misons sur l'an net

L'an nouveau
C'est la fin de l'an vieux
La fin de l'envieux
Qui doit lui tourner le dos

Alors mieux vaut
D'an nouveau
En an nouveau

Pas promettre
Pas promettre

Se mettre un an à dos
C'est avoir dans les yeux
La poussière de ses os
Qui empêche de voir mieux

Misons à qui mieux mieux
À l'an vert à l'endroit
À l'envers de l'an vieux
Misons sur l'an qui va (28décembre 2003)

MON AMOUR

Quand je m'arrêterai de voyager
Et que tu seras devenue mon dernier voyage
Nous pourrons enfin nous installer
Et comme des arbres s'enraciner

De nous pousseront des yeux
Qui parleront d'eux-mêmes
Des mots bien plus forts que je t'aime
Des voix limpides qui chanteront
Tout ce temps qu'on aura dû mettre
Pour être enfin

MA GASPÉSIE

Un grand merci
Mon bas du fleuve mon pays
Un grand merci
Ma Gaspésie

Je t'ai chantée te chante encore
À l'autre bout de tes vents et marées
En autant de continents
Qui me font voyager

Je chante tes falaises
Qui parfois touchent un ciel bleu
Et puis qui disparaissent
Dans des détours mystérieux

Je chante tout ce que tu caches
Et tout ce que tu craches aussi
Je chante fort pour qu'on le sache
Que je t'aime à l'infini

Je suis en fonction de toi
Des éléments comme on dit
Je vis et plus encore je crois
Je crois bien que je survis

Merci pour tes hivers
Tes raz de marée tes courants
Qui ramènent vers l'océan
Les trop-pleins de misère

Merci pour ta lumière
Qui embrase les saisons
Qui redonne raison
Aux choses de la terre

Aucune péninsule au monde
N'est plus grandiose et sauvage
Gaspésie qui m'a gardé au monde
Par les oies blanches et les galets de plage

Il y a quelque chose en toi
Qui malgré l'air salin dans les tempêtes
Fait naître dans tes bras
Des arbres et des poètes

En toi il n'y a rien d'infime
Même le mot vivre n'a pas son contraire
Que des synonymes
Que de l'amour à faire

Tu ne peux pas savoir comment
Je suis endetté envers toi
Je n'avais pas encore treize ans
Que tu m'enseignais tout déjà

TABLE DES MATIÈRES

ASSOCIATION
NATIONALE
DES ÉDITEURS
DE LIVRES

PROTÉGEONS
NOS FORÊTS